VERONICA CYBO

DUCHESSE DE SAN-GIULIANO

HISTOIRE D'UN TABLEAU

RÉCIT AUTHENTIQUE

TIRÉ DES

ANNALES FLORENTINES

PARIS

ALCAN-LÉVY, IMPRIMEUR BREVETÉ

24, RUE CHAUCHAT

MDCCCLXXXVIII

VERONICA CYBO

DUCHESSE DE SAN-GIULIANO

HISTOIRE D'UN TABLEAU

RÉCIT AUTHENTIQUE

TIRÉ DES

ANNALES FLORENTINES

PARIS

ALCAN-LÉVY, IMPRIMEUR BREVETÉ

24, RUE CHAUCHAT

MDCCCLXXXVIII

PRÉFACE

Pendant un séjour à Florence, je passais la plus grande partie de mon temps à visiter les vieux palais, où sont amoncelées tant de merveilles incomparables et à fouiller dans les vieilles boutiques où dorment, sous la poussière, des souvenirs parmi lesquels on trouve parfois des chefs-d'œuvre ignorés ou perdus.

Dans le courant du mois de janvier, je fus informé par un marchand florentin qu'une famille noble de la ville, dans une situation pécuniaire embarrassée, désirait vendre, le plus discrètement possible, plusieurs tableaux, dont l'un se rattachait à un des épisodes les plus sanglants de l'histoire florentine.

Je me rendis à jour et à heure convenus dans un de ces hôtels aux pierres noires, quadrangulaires et en relief, aux grilles armoriées, aux lourdes portes massives, espèces de forteresses bâties au temps des luttes épiques des Guelfes et des Gibelins.

Dans un grand salon sévère, un tableau de 3 mètres de hauteur, isolé des autres, frappa mes regards. Le sujet dramatique en était resté vivant sous un coloris dont les années avaient à peine diminué la puissance. Une grande dame du temps, dans une attitude de ma-

jesté et de colère, était représentée debout, au milieu d'une chambre à coucher, au moment où, déposant une tête de femme dans une corbeille, elle se retournait, croyant être surprise dans sa lugubre besogne.

Au bas de cette toile étaient incrustés dans le cadre doré, ces deux mots : Veronica Cybo.

Mis en quelques mots au courant de la légende historique dont le peintre avait fixé le souvenir, je voulus connaître à fond tous les détails de ce drame émouvant et, grâce au concours d'un ami influent, je pus me les procurer dans les archives nationales.

L'imagination ne joue donc aucun rôle dans le récit suivant assez romanesque par lui-même pour qu'il ne soit pas besoin de l'orner d'une fiction quelconque.

Ce tableau est en route pour la France (1). Accroché à quelque vieille muraille, perdue dans les bruyères limousines, il me rappellera Florence, son palais Pitti et les merveilleuses créations des Michel-Ange, des Titien, des Fra Bartolomeo, et de toute cette glorieuse pléiade de sculpteurs et de peintres, qui ont fait de la noble cité toscane le berceau de la Renaissance artistique.

Rome, février 1888.

MIELVACQUE DE LACOUR

(1) Château de Sabeau, près Beynat (Corrèze).

VERONICA CYBO

DUCHESSE DE SAN-GIULIANO

I

L'HISTOIRE qu'on va lire se passe à la fin de l'année 1637, alors que le glorieux Ferdinand II régnait sur la Toscane. La cour du Grand-Duc était une des plus brillantes de l'Europe, et Florence une des plus belles villes du monde. La noblesse florentine rivalisait de luxe avec son souverain et partageait son temps entre l'amour et la gloire. Au premier rang des cavaliers renommés, qui se pressaient autour du trône grand-ducal, se trouvait le chevalier Jacob Salviati, duc de San-Giuliano. Ce gentilhomme était réputé pour la finesse de sa taille, la beauté de son visage, l'élégance de ses costumes et sa valeur éprouvée.

Les Salviati étaient encore, à cette époque, *principalissimes* de Florence. Ils étaient étroitement unis à la famille des Médicis, bien que les mémoires du temps nous apprennent que ces deux puissantes maisons avaient longtemps guerroyé l'une contre l'autre et que messire François Salviati, archevêque de Pise et cardinal de la sainte Eglise, avait été pendu haut et court aux fenêtres du palais Médicis.

Le seigneur Jacob Salviati occupait alors de hautes charges à la cour, et son oncle le marquis Vincent Salviati avait été appelé au poste de premier ministre par Ferdinand.

La villa Salviati est située sur les hauteurs de Fiesole, petite ville autrefois célèbre par la splendeur de ses monuments religieux. C'était alors un lieu de rendez-vous pour l'aristocratie étrusque, et l'éclat des fêtes qu'on y donnait, n'avait jamais été surpassé. C'est au milieu d'une de ces réceptions, dans la soirée du 31 décembre 1637, que s'ouvre ce récit.

II

MALGRÉ les sombres préoccupations qui, ce soir-là, pesaient sur l'esprit du duc, sa force de caractère ne l'avait point trahi, et il s'était montré comme toujours vis-à-vis de ses convives d'une exquise courtoisie. Sa femme Véronica Cybo, des princes de Massa, dont l'esprit hautain et l'excessive fierté n'étaient que trop connus, avait été elle-même d'une grande amabilité.

Le repas fut long et cordial et, selon la coutume, le duc se leva, puis s'adressant à la duchesse :

— Madona Véronica, dit-il, je bois à votre bonheur.

— Oui, répondit celle-ci, contenant avec peine une orageuse émotion, au bonheur que vous me donnez depuis quelque temps, seigneur Jacob !

Les invités se levèrent de table et se répandirent dans les jardins. Un superbe cheval turc fut amené au grand-duc qui s'empara des rênes d'un mouvement plein de légèreté, puis, se retournant vers ses convives, leur dit :

— Messieurs, j'ai promis à notre sérénissime grand-duc de passer la soirée à la cour. Je lui manquerais de respect, si je ne répondais pas à l'affection qu'il me porte. Mais je vous prie de rester et de tirer le meilleur parti possible des distractions que vous offre ma modeste maison. J'espère être de retour bientôt, et vous recommande à Mme Véronica, qui n'aura aucun effort à faire, pour montrer qu'elle est le plus bel ornement des familles Cybo et Salviati.

Sur ces paroles, saisissant la crinière de son cheval, le duc se jeta lestement en selle et disparut dans un tourbillon de poussière.

III

PRÈS de l'église Saint-Ambroise, à l'entrée de la *Via dei Pilastri*, se trouve encore une maison qui a appartenu jadis à Giustino Canacci, marchand florentin. C'est là que se rendait le duc, dans cette soirée du 31 décembre 1637. L'immeuble était alors habité par une certaine Catherine Canacci, veuve de Giustino et célèbre dans toute la Toscane par sa beauté. La noblesse amoureuse luttait d'émulation et de folies pour obtenir ses faveurs.

Jacob Salviati qui avait suivi le flot des admirateurs, s'éprit violemment de Catherine. Alors rien ne lui coûta pour s'en faire aimer et, après un siège, dans lequel il déploya toutes ses séductions, la belle Florentine succomba.

Cette liaison clandestine d'abord, devint bientôt publique. La chronique scandaleuse en jeta les échos à tous les vents, et la duchesse ne tarda pas à la connaître.

Son caractère altier et vindicatif ressentit d'autant plus profondément l'outrage qu'elle était jeune et belle et adorait son mari. Le démon de la jalousie la mordit cruellement au cœur; dès lors, Véronica Cybo n'eut plus qu'une idée fixe : elle jura de venger son bonheur perdu, sa dignité outragée.

IV

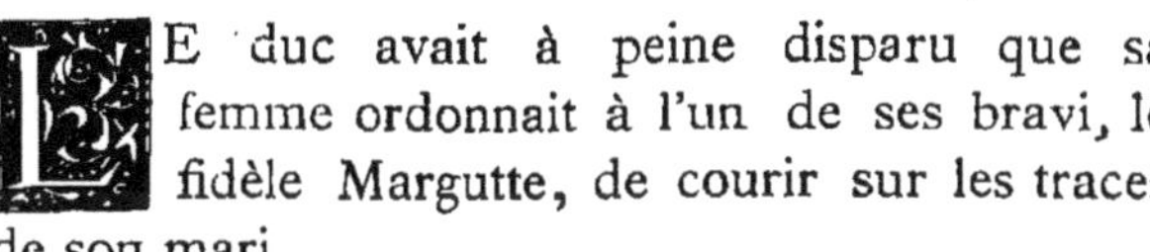

LE duc avait à peine disparu que sa femme ordonnait à l'un de ses bravi, le fidèle Margutte, de courir sur les traces de son mari.

Bientôt le Palais devenait désert et silencieux. A minuit, une voiture, attelée de deux chevaux vigoureux, sortait de la villa et emportait vers Florence Véronica Cybo qui, le visage masqué, allait rejoindre Margutte.

Après une course folle à travers la campagne, le mystérieux équipage pénétra dans la ville, gagna la rue dei Pilastri, où il s'arrêta à quelques pas de la maison de Catherine. Aussitôt un homme se détacha d'un mur voisin et, s'approchant de la portière, dit : « Il est encore là. » — Au même instant, la porte de la maison s'ouvrait; un cavalier en sortait, enveloppé dans un long manteau noir et disparaissait dans la rue dei Pinti, en rasant les murailles, sans avoir aperçu le carrosse.

Pour mener à bonne fin les desseins de sa maîtresse, Margutte s'était assuré la complicité du beau-fils de Catherine, Bartoloméo Canacci, jeune homme ivrogne et libertin, jouissant d'une réputation détestable et que l'appât d'une fortune avait transformé en traître.

Caché à quelques pas de là, il s'était élancé vers la porte, à un signal donné, et avait frappé à coups redoublés. La vieille bonne descendit et demanda :

— Qui est là ?

— C'est moi, répondit Canacci.

— Ah! c'est vous, Bartoloméo; il y a sept jours qu'on ne vous a vu, mauvais coureur.

La porte s'ouvrit.

Au même instant, Bartoloméo se précipita sur la vieille et, avant qu'elle eût eu le temps de pousser un cri, il l'avait bâillonnée.

Derrière lui entraient la duchesse et Margutte, qui referma la porte.

Tous trois étaient bientôt en présence de Catherine qui, dans un demi-sommeil, songeait sans doute encore à celui qui venait de la quitter.

Margutte prit la parole lentement :

— Faites la paix avec Dieu, dit-il à Catherine, parce que vos instants sont comptés.

Comme elle se frottait les yeux, se croyant en proie à quelque affreuse hallucination, Margutte ajouta d'un ton tranquille :

— Avez-vous entendu? Vous avez cinq minutes à vivre.

— Finissons-en, dit la duchesse.

— Patience, répondit Margutte, donnons-lui le temps de réciter l'acte de contrition.

— Mais pourquoi me tuer, messieurs? Je ne vous connais pas, dit Catherine.

— Nous vous connaissons et cela suffit.

— Je comprends. Vous voulez mes épargnes,

mes bijoux, tout ce qu'il y a à la maison, prenez-le. Je ne vous le disputerai point, je vous le jure par la mort de notre rédempteur.

— Nous ne sommes pas des voleurs et nous vous rappelons que déjà deux minutes sont passées.

— Mais pourquoi, répondit Catherine, vous tacher les mains du sang d'une pauvre femme qui ne vous connaît pas et ne vous a fait aucun mal? N'avez-vous ni mère, ni femme, ni enfant? Ne croyez-vous pas en Dieu?

— Songez plutôt à régler vos comptes avec lui, dit Margutte d'une voix sombre; car il ne vous reste que deux minutes à vivre.

— Mais je ne suis pas préparée, je ne puis pas mourir ainsi... Je me sens pleine de vie et j'ai besoin de vivre...

— Et pourtant, il faut mourir, répéta Margutte.

— Mourir! mourir! Vous imaginez-vous la tristesse d'une mort pareille? En quoi vous ai-je donc offensés?..,

— « En quoi tu m'as offensée, s'écria la duchesse, en arrachant brutalement son masque? Je suis Véronica Cybo, femme du duc de San-Giuliano! Et maintenant ne me demande pas si tu m'as offensée! Baisse les yeux, dévergondée, et n'ose pas les fixer sur moi. J'étais naguère la mère du pauvre, je secourais les jeunes filles malheureuses et je les sauvais du déshonneur. Maintenant j'arrache la vie! A qui la faute sinon à toi? Autrefois mes pensées étaient paisibles, mes rêves étaient tranquilles. Je ne trouve plus sur mon oreiller que l'insomnie et l'agitation. Ma pauvre cervelle est tourmentée par des idées sanguinaires. A qui la faute, sinon à toi? Par toi j'ai tout perdu en ce monde. Par toi je vais perdre le salut de mon âme! Et tu voudrais jouir de ma misère! Tu voudrais vivre heureuse! Tu dois mourir, misérable, et tu mourras par mes mains!...

Catherine terrifiée se jeta aux pieds de Margutte :

— « Sauve-moi », dit-elle en étreignant ses genoux, sauve-moi par le sang de Jésus! On accorde des délais aux condamnées à mort, quand elles sont enceintes!... Moi, je porte une créature dans mon sein et j'ignorais que mon amant fût marié! Pitié! Pardon! Je n'ai commis qu'une faute d'amour!... »

Elle pleurait, la malheureuse; elle embrassait les genoux de Margutte.

Celui-ci, attendri, dit doucement à la duchesse :

— « Elle est enceinte. »

— « Raison de plus pour qu'elle meure », répondit Véronica. Et, d'un mouvement plus rapide que la pensée, elle enfonça son poignard dans la gorge de Catherine.

Celle-ci se leva en étendant les bras, essaya de parler, mais chacun de ses efforts amenait un flot de sang.

La voyant ainsi blessée à mort, Margutte dit à son tour : « Mieux vaut en finir » et prenant son poignard il lui traversa le cœur. Puis il se dirigea vers la porte, pendant que la duchesse, restée en arrière, se précipitait sur le cadavre de la jeune femme et lui tranchait la tête...

V

LE lendemain (c'était le jour de l'an), le duc de San-Giuliano s'était levé de bonne heure, pour aller en grand apparat porter ses souhaits au grand-duc Ferdinand II. Sa toilette avait été longue et minutieuse; il ne lui restait plus qu'à prendre dans une petite corbeille ses manchettes et son jabot de dentelles, pour compléter le plus délicieux costume de l'époque. La duchesse avait l'habitude d'envoyer tous les matins à son mari un assortiment de dentelles dans la corbeille qu'on venait de lui apporter.

Le beau cavalier Jacob, les yeux fixés sur son miroir, l'air heureux et satisfait, y plongea la main qu'il fut surpris de retirer humide. Son étonnement augmenta, bientôt, suivi d'un serrement de cœur inexprimable, en apercevant une tresse de cheveux blonds et fins. D'un mouvement brusque, il jeta à droite et à gauche les dentelles et que vit-il?... La tête sanglante de Catherine!!... . . . .

. . . .

. . . . Après neuf heures de convulsions, Jacob Salviati rouvrit les yeux. Ses serviteurs consternés étaient autour de lui. Il porta lentement la main à son front pour retrouver ses idées; puis, tout à coup, se rappelant l'affreux spectacle qui l'avait terrassé, il se leva d'un bond, prit son épée nue et se précipita dans les appartements de la duchesse.....

Mais celle-ci escortée de huit *bravi*, commandés par Margutte, avait fui à Massa près de son père, l'illustre Charles Ier.

La ville et la cour, réveillées par ce crime monstrueux, furent terrifiées. La justice se mit en mouvement, mais elle ne sut qu'arrêter le traître Bartolomeo Canacci, trouvé le lendemain ivre-mort à côté du tronc de Catherine.

C'est par lui que l'on connut les détails horribles du crime. Ses aveux complets ne l'empêchèrent pas d'être condamné à mort et d'avoir la tête tranchée par la main du bourreau.

Cette exécution n'apaisa pas l'opinion publique. La grande-duchesse Christine de Lorraine, aïeule du grand-duc Ferdinand, donna l'ordre d'arrêter Véronica Cybo, qui, prévenue à temps, se sauva à Rome, assurée d'y trouver un exil inviolable.

Le duc de San-Giuliano, cherchant une diversion à sa douleur, entreprit de longs voyages. Il passa plusieurs années à l'étranger; mais ni le temps, ni l'éloignement ne purent fermer sa blessure; la nature, les hommes, lui-même, tout lui faisait horreur. La lame usait lentement le fourreau. Se sentant mourir, il résolut de rentrer dans sa patrie. Quand il arriva à Florence, ses amis et ses serviteurs les plus intimes eurent de la peine à reconnaître dans ce squelette livide, à moitié courbé, se tenant à peine sur les jambes, le splendide cavalier d'autrefois, l'orgueil de la cour de Toscane.

Véronica Cybo, bourrelée de remords, essaya

de se rapprocher de son mari; mais c'est en vain qu'elle fit intervenir son père, les cardinaux Alderano et Odoardo, les frères et les sœurs du duc lui-même. La médiation des princes italiens, l'autorité du souverain pontife Innocent XI, ne purent elles-mêmes amener Jacob Salviati à briser le serment qu'il avait fait de ne plus revoir sa femme et de ne jamais lui pardonner.

Il mourut quelque temps après, dans son palais solitaire, et ses amis ne furent avertis de sa triste fin qu'à l'heure des funérailles.

Véronica Cybo survécut cinquante-quatre ans à son mari. Elle mena, pendant cette longue période, une vie de prières et de repentir, s'imposant de dures pénitences et portant sur le corps un cilice qu'on ne put arracher qu'après sa mort. Sa réputation de piété et de charité lui attira les bénédictions du peuple, qui vit en elle une sainte et l'accompagna à sa dernière demeure.

Véronica Cybo a été enterrée dans le caveau de sa famille, en l'église Saint-François, à Florence (1).

MIELVACQUE DE LACOUR.

(1) Cette église dont la construction remonte au XIIIe siècle est située en dehors de l'ancienne enceinte fortifiée, près de la Porte Romaine. Elle contient de nombreuses sépultures de la vieille aristocratie toscane.

M. de L.

www.ingramcontent.com/pod-product-compliance
Ingram Content Group UK Ltd.
Pitfield, Milton Keynes, MK11 3LW, UK
UKHW021021220726
13924UKWH00001B/108